Issa Nissa

Numéro du livre dans la collection : 21

Textes de Bernard Brunstein

© Bernard Brunstein pour les illustrations - http://peinturedebernard.over-blog.com/

ISBN : 9782322156979

Textes, poèmes et peintures de

Bernard Brunstein

NICE

Les galets de la promenade

Ils sont les notes de la baie des anges.
Écoutez le matin, quand la vague les roule
Musique moderne aux accents étranges
Au tempo de la houle.

Ils viennent du Var ou du Paillon,
Peu importe leur origine
Du pays niçois, ils ravinent
De St Martin ou de Peillon.

Ils ont cette couleur bleu gris
D'un camaïeu d'un grand tapis
Qui se tisse avec le temps
Lorsque souffle le vent.

Allongé sur les galets

Allongé sur les galets,

La mer vient me caresser.

Mon âme et mon cœur divaguent

Au contact de ses douces vagues.

Je ferme les yeux.

J'imagine la belle Méditerranée,

Femme au regard velouté

Mélange de vert, quelques pointes de bleu,

Femme de caractère

Qui peut se montrer sévère

Et me déstabiliser

Dans mes idées,

Dans mon assurance,

Juste par son impertinence.

Allongé sur les galets,

Je deviens esclave, valet.

Mon corps lui appartient

Marionnette ou pantin

Qui ne vit que par elle,

Elle qui tire les ficelles.

Allongé sur les galets,

La mer vient me caresser.

Je suis bien dans mon sommeil.

Que personne ne sonne le réveil!

Je veux lui appartenir

Même si mon cœur doit en souffrir.

Le Château

La ville de Nice

La plus belle ville, c'est Nice.

C'est pourquoi on l'appelle « Nice la belle ».

Si c'était une fleur, on l'appellerait lys.

Du Comté, elle était la sentinelle.

Le Paillon, son fleuve pittoresque,

Sec tout au long de l'année,

Se met en colère où presque

A cause d'un orage d'été.

On descend dans le vieux Nice,

Odeurs, senteurs se mélangent,

Socca, pissaladière, stockfish

Parfum de baie des anges.

Dans les ruelles, à l'abri du soleil,

En regardant toutes ces merveilles

L'émotion et le souvenir

Nous donnent l'envie de revenir.

Dans son écrin d'azur,

D'une beauté incomparable,

Tel un bijoux inimitable,

Nice est le joyaux le plus pur.

Le Palais de la Méditerranée

Le Palais de la Méditerranée

Sur la courbe de la baie des Anges j'ai été élevé, moi qui suis l'enfant d'un grand prix de Rome. J'abritais en mon sein une grande salle de spectacle, un casino et je peux vous dire que j'en ai vu du beau monde. Je crois même que tout le "gratin" niçois est venu me rendre visite. Même des stars internationales ont monté mes escaliers de marbre. J'étais le fleuron de la Promenade. Ma façade blanche brillait au soleil, je me croyais éternel.

Et pourtant, un jour, des personnes sont venues. Ils parlaient de moi: "Il faut casser, raser, reconstruire". Je les écoutais en tremblant de toutes mes structures. C'était un cauchemar, ils ne pouvaient pas faire ça. Qui pourrait m'entendre, me défendre? Personne! Je n'étais qu'un bâtiment plus aux normes "comme ils disent". Ils sont venus, avec leurs engins, ne respectant rien, pas même les souvenirs. Puis un jour, tout s'arrêta. Je restais là comme un vaisseau fantôme. Des gens, des niçois sont venus en criant " Il faut sauver le Palais de la Méditerranée". Je n'étais plus seul, j'avais des amis. Leurs voix ont été entendues par le Ministre de l'époque, un certain Jack Lang. J'étais sauvé, enfin ma façade! Aujourd'hui, j'ai repris ma place sur cette merveilleuse promenade, face à la méditerranée dont je porte le nom. J'abrite un hôtel et une salle de jeux. Mes grandes arches dominent les galets et le soir, je les écoute rouler, comme sur la table, les dés.

Sur mon avenir aujourd'hui, je suis rassuré.

Les chaises bleues

Les chaises bleues

En rang serré,
Elles regardent la mer,
Écoutent les potins d'hier
Des vagues et des galets.

L'hiver, face aux embruns salés,
Elles écoutent chanter la Méditerranée,
Admirent les changements de couleurs
Lorsque le temps pleure.

Vient alors le soleil de l'été
Où elles accueillent les personnes âgées,
Venues un instant se reposer
Assises contre leur dossier.

Elles font partie du paysage,
Photographie, carte postale,
Patrimoine sentimental
D'un arrêt sur image.

Couché de soleil sur la baie des Anges

Nice pleure son soleil disparu.

Seules devant l'immensité grise,

Pour que le ciel se déchire et se brise,

Les chaises bleues font face aux nues.

Gouttes, gouttes de pluie,

Larmes d'un profond chagrin

Que seul l'azur essuie

D'un revers le lendemain.

Nice fait sa toilette

Juste un instant

Sa promenade fait trempette

Pour que le ciel soit son amant.

Bleu d'amour, bleu de tes yeux

La baie des Anges, domaine des dieux,

Pays d'amour et de lumières

Où tout n'est que mystère.

Le temps fait son caprice,

Mélange ses couleurs

Que sa muse provocatrice

En gris bleu, brouille selon les heures.

Nice pleure son soleil disparu

Mais toi dans mon cœur, tu es revenue.

Le Cours Saleya

Nice

Sous un soleil de plomb, tu paresses.
La Méditerranée, sur tes plages, te caresse.
Depuis la préhistoire, rien ne dérange
L'harmonie que tu formes avec la baie des Anges.
C'est au pied du Château que tu es devenue ville,
Capitale de l'azur et des jolies filles.
Les couleurs rouges et ocres de tes maisons
Bordent les rives du Paillon.
Les noms de tes rues, places et avenues
Rappellent le nom de tes enfants connus.
Jadis, tu as eu des hôtes remarquables,
Des rois, des ducs, des notables.
Aujourd'hui, ils viennent du monde entier
Profiter de ton soleil l'été.
Sur le cours Saleya traîne encore ta langue.
Les maraîchers, poissonniers qui haranguent
Les badauds, les touristes pour qui le niçois
Ne reste qu'un simple patois.
Tu as grandi, c'est sur.
A l'échelle humaine, tu gardes la mesure
Et tu as su faire épouser
Le passé avec la modernité.

Des Grecs, tu tiens ton nom Nice,
Les Anglais de toi disent " Very Nice".

La Place Saint-François

Vieille Ville

On pénètre en toi, on s'enlise
De maison en maison, de place en église.
A l'ombre sécurisante de tes vieux quartiers,
On flâne à l'abri des ardeurs de l'été.
Tes rues ,commères de l'histoire,
Nous parlent de ces niçois couverts de gloire
Qui combattaient les Turcs, les Français
Avant que la France vienne les épouser.

L'air est chargé de tous les parfums,
Aioli, anis et mesclun
Qui viennent en vagues successives,
Faire vibrer nos papilles gustatives.
Le parler avec les mains et l'accent
Nous rappelle qu'ici c'est terre "occitan".
Lo pais nissart, terre du Comte de Savoie,
Fier de sa langue, de son patois
vous accroche, vous interpelle
Au carrefour de ses innombrables ruelles
Où chaque jour, instant privilégié,
Je viens me ressourcer.

14 juillet 2016

Nice n'est qu'un point virgule
sur le chemin du terrorisme.
Que sur l'histoire, il faut écrire,
Juste pour dire,
Ils ont tué des Niçois,
Ecrasés comme de simple anchois.

La vie, la mort,
Des enfants, un parent
Juste un tirage au sort
Que la vie joue à qui perdant.

Ces gens que l'on appelle djihadistes,
Croient-ils vraiment que leur dieu existe.
Même quand il leur parle, ils restent sourds
A des mots simples comme amour.

Ils ont beau crier «Dieu est grand»,
Pourtant, si on lit le Coran,
Jamais il ne demande en son nom
De tuer, de mourir sans raison

Comme disait Lamartine dans les Nouvelles Méditations
"Dieu est un mot rêvé pour expliquer le monde".
Laissez votre âme errer, elle vagabonde
Et écrit des mots sur la partition.

Il compose une chanson
Où chaque son
Est un hymne à la vie
Dans lequel nous sommes les notes de la symphonie.

Toi, moi, chrétien, arabe ou partisan de Luther,
Nous sommes tous un miracle dans l'univers.
Demain toi, moi, nous serons morts.
Pourtant, la vie est multicolore.

La colline sacrifiée

Quand on parle de Nice, on parle souvent de ses collines, du Château, du mont Alban et du mont Chauve. Et pourtant moi qui vous parle, j'étais une colline couverte de garrigues où seul, le chant des oiseaux venait déranger le silence de mon environnement. J'étais là depuis des millénaires, témoin silencieux de l'histoire de Nice.

Pourtant un jour, de l'an de grâce 1975, j'ai vu arriver sur mon dos de monstrueuses machines qui se mirent à me dévorer. Que faisaient-ils de moi, de ma terre, de mes pierres transportées dans d'énormes camions? Ils me déversèrent dans la mer pour agrandir l'aéroport, disaient-ils. Ils voulaient faire de moi une piste pour avions.

Mes rochers et ma terre étaient en train de se noyer sur le bord du plateau méditerranéen. Quand soudain, n'en pouvant plus, ils lâchèrent prises. Adieu soleil, adieu garrigues, ils s'enfoncèrent dans la grande bleue en emportant avec eux les hommes et leurs machines, créant un raz de marée du coté d'Antibes, cette ville que je voyais au loin.

Je ne voulais pas de cela. Je n'étais qu'une colline couverte de garrigues, je m'appelais Crémât.

La Tour Bellanda

La tour Bellanda

Elle regarde la baie des Anges,
Sentinelle du Château oublié,
Elle qui a résisté, étrange,
Aux démolisseurs français.

Elle pourrait nous raconter
Des histoires de marins et de guerre.
Elle a vu arriver l'Armada turc et François 1er
Sur le rivage du Comté.

Dernier vestige d'une place forte,
Elle fut un temps un musée.
Aujourd'hui, elle est comme une porte
Du jardin, en haut d'un escalier.

La tour Bellanda,
C'est son nom
La vue sur Nice, elle ne s'en lasse pas
Quelque soit la saison.

Elle écoute la mer qui lui rappelle
Combien la vie est belle
Sur le rivage de la Méditerranée
Dans ce pays où elle est née

La Treille

La Treille

C'est un coin de verdure
Qui pousse en ville vieille.
Tout le monde la connait, c'est sûr,
On l'appelle la Treille.

Elle s'accroche à tous les balcons,
Du premier jusqu'au second,
Pour monter jusqu'au toit,
Pour y voir je ne sais quoi.

Comme un serpent, elle ondule.
Les Niçois devant elle circulent.
Elle fait partie du paysage,
Du Vieux Nice, elle est l'image.

Immortalisée par Raoul Dufy,
Elle fait partie de notre vie.
Personne ne goûte son raisin,
Il est réservé à Dieu et à ses saints.

Notre Dame

Notre Dame

Quasi Modo aurait aimé
Connaitre dans tes murs
Pour une aventure
L'Esméralda niçoise au regard ensoleillé

Tu es le témoin muet
De la ville et de ses secrets.
La nuit, tu écoutes à confesse
Le vent qui, dans tes tours, te caresse.

L'avenue qui passe à tes pieds
Son nom a plusieurs fois changé,
La Gare, la Victoire, Médecin.
Toi tu restes Notre Dame, aujourd'hui et demain.

Catherine Ségurane

Le jour où elle est montée
Sur la tour "Sincaire"
Pouvait-elle imaginer
Qu'elle, la petite "bugadière",
Deviendrait l'héroïne niçoise
que l'histoire écrirait,
Gravée sur une ardoise,
Devant les turcs, elle a osé.

Catherine Ségurane,
Dans sa robe de gitane
Leur a pris le drapeau
Qu'elle a brandit très haut,
Galvanisant ses troupes.
Les Niçois, autour d'elle, s'attroupent.
La ville et le Château sont sauvés,
Défaite des turcs et des français.

L'Apollon

Cachez ce sexe
Que je ne saurais voir
Puritain, vieux reflexes,
L'amour se fait dans le noir.

Sur la place Masséna,
Tu trônes,
Faisant rêver les matrones
Qui te regardent et n'osent pas
Dire que tu as de belles fesses.

Ah! Si tu n'étais pas de pierre,
Le soir à confesse,
Monsieur le curé avalerait son bréviaire.

PROMENADE DANS NICE A TRAVERS MES TABLEAUX

La rue Sainte Claire

La rue Tour de l'Horloge

La Chapelle des Pénitents Blancs

La Place Garibaldi

Le Kiosque à Musique

Rauba Capeu

L'Eglise Russe

Ste Jeanne d'Arc

Sainte Réparate

Le Negresco

Les Pergolas

La Réserve

La Cascade de Gairaut

La Baie des Anges

Le Port

Le Palais de Justice

La Promenade des Anglais

Editeur : BoD-Books on Demand, 12/14 rond point des Champs Élysées, 75008 Paris, France
Impression : BoD-Books on Demand, Norderstedt, Allemagne
ISBN : 9782322156979
Dépôt légal : mai 2017